SCHIRMER'S LIBRARY
OF MUSICAL CLASSICS

GABRIEL FAURÉ

Twenty-Five
Selected Songs

English Translations by

MARION FARQUHAR

→ **FOR HIGH VOICE**

Library Vol. 1713

FOR LOW VOICE

Library Vol. 1714

G. SCHIRMER, *Inc.*

DISTRIBUTED BY

HAL•LEONARD®
CORPORATION

7777 W. BLUEMOUND RD. P.O. BOX 13819 MILWAUKEE, WI 53213

CONTENTS

Dans les Ruines d'une Abbaye
In the Ruins of an Abbey

Victor Hugo
English words by Marion Farquhar

Gabriel Fauré, Op. 2, No. 1

Seuls, tous deux, ra - vis, chan-tants,
Both en-tranced, the two, a - lone,

comme on s'ai - me; Comme on cueil - le le prin-temps que Dieu sè -
sing of love; _____ Tak - ing spring that God has sown from a - bove; ____

- - me, Quels ri - res é - tin - ce-lants dans ces om - - bres,
What laugh-ter now in - vades the shade of the col - - umn,

Ja - dis plei - nes de fronts blancs, de cœurs som - bres. On est tout frais
Sad-dened once by fa - ces staid, hearts sol - emn. New - ly mat - ed,

ma - ri - és, On s'en-voi - e, les char-mants cris va - ri - és
how they prize one an - oth - er, Gai - ly trad - ing joy - ous cries

De la joi - - e! frais éch - os mê - lés au vent qui fris-son -
with each oth - - er! Ech - oes min - gle on the air, light - ly danc -

- ne, Gaî - té que le noir cou-vent as - sai - son - - ne,
- ing, Bright de-sign, the dark-ness there is en - hanc - - ing.

a tempo

Seuls, tous deux, ra - vis, chan-tants, comme on s'ai - - me,
Both en-tranced, the two, a - lone, sing of love; _____

Comme on cueil - le le prin-temps que Dieu sè - - me, Quels
Tak - ing spring that God has sown from a - bove; _____ What

cre - - scen - do

ri - res é - tin - ce-lants dans ces om - - bres,
laugh - ter now in - vades the shade of the col - - umn,

dim. *p*

Ja - dis plei - nes de fronts blancs, de cœurs som - - bres,
Sad - dened once by fa - ces staid, hearts sol - - emn.

à Madame Pauline Viardot

La Chanson du Pêcheur
The Song of the Fisherman
(Lament)

Théophile Gautier
English words by Marion Farquhar

Gabriel Fauré, Op. 4, No. 1

Ma belle a-mie est mor-te, Je pleu-re-rai tou-jours!
My love-ly one has left me, And from all joy I part,

Sous la tombe elle em-por-te Mon âme et mes a-mours.
Deep in her tomb she car-ried Both my soul and my heart.

Dans le ciel sans m'at-ten-dre, El-le s'en re-tour-na,
Back to heav-en, un-heed-ing, An-gels led her a-way,

L'an - ge qui l'em-me-na   Ne   vou - lut pas me pren - dre. Que mon sort
None thought of tak-ing me;   None would an-swer my plead - ing. O how hard

est   a - mer!   Ah! sans a - mour,   sans   a - mour,____
fate   can be!   Left with - out love,   with - out love,____

____ S'en al - ler   sur   la mer!
____ I must sail   out   to sea!

La blan - che cré - a - tu - re Est cou - chée au cer - cueil,
The pale,   be - lov - ed crea - ture Now must sleep on her bier,

Com-me dans la na-tu – re Tout me pa-raît en deuil! La co-lombe ou-bli-ée
And, as it is in na-ture, All is des-o-late here! The dove, de-vot – ed and true,

Pleure et songe à l'ab – sent, _____ Mon â – me pleure et sent
Mourns the one that is gone, _____ My soul is half a soul,

Qu'elle est dé – pa – reil – lée! _____ Que mon sort
Sad and bro-ken in two! _____ O how hard

est a – mer! Ah! sans a-mour,
fate can be! Left with – out love,

sans a - mour, _____ S'en al - ler sur la
with - out love, _____ I must sail out to

mer! _____ Sur moi la nuit im-men-se
sea! _____ The night, so vast and lone-ly

pla - ne comme un lin-ceul, Je chan - te ma ro-man-ce
Weighs me down like a pall, I sing ro - man - ces, though

que le ciel en-tend seul! Ah! comme elle é - tait bel - le
No one lis-tens at all! She was my joy and plea-sure,

Lydia

Leconte de Lisle
English words by Marion Farquhar

Gabriel Fauré, Op. 4, No. 2

Ly - di - a, sur tes
Ly - di - a, on your

ro - ses jou - es Et sur ton col frais et si blanc,
cheek so glow - ing, On your throat so youth-ful and white,

Roule é -
Roll, a -

tin - ce - lant L'or flu - i - de ____ que tu dé - nou - es;
glint with light, Coils of flu - id gold ____ un-bound and flow - ing.

Les dé - li - ces comme un es-saim Sor - tent de toi, jeu - ne dé - es - se.
All de-lights from your be-ing start, Young de-i-ty, all fas-ci - na - tion! I

Je t'aime et meurs, ô mes a-mours, Mon âme en bai-sers m'est ra - vi - e!
love you and die, O joy and pain, I die and your kiss-es yet en -thrall me!

O Ly - di - a, rends-moi la vi - e, Que je puis-so mou-rir, mou - rir tou-
O Ly - di - a, to life re-call me, That in liv-ing I may die, and die a -

jours!
gain!

à Madame Marguerite Baugnies

Après un Rêve
After a Dream

Romain Bussine
English words by Marion Farquhar

Gabriel Fauré, Op. 7, No. 1

Les cieux pour nous en-tr'ouvraient leurs nu - es, splen -
Soft clouds for us with-drew their veil - ing, Strange

deurs in - con - nu - es, lu - eurs di - vi - nes en - tre
splen - dor a - flame, then pal - ing, A flash and the glo - ry

vu - es, Hé - las! Hé - las, tris - te ré - veil des
fail - ing! A - las, a - las, must I wake from il -

son - ges, Je t'ap - pel - le, ô
lu - sion! Give me back, O

nuit, _____ rends-moi tes men - son - - ges, Re -
night, ___ all your lies and de - lu - - sion, Re -

viens, re - viens ra - di - eu - -
turn, re - turn ra - diant seem - -

se, Re - viens, ô nuit mys - té - ri -
ing, O night, mys - te - ri - ous and

eu - - - - se!
gleam - - - - ing!

à Madame Claudie Chamerot

Au Bord de l'Eau
At the Water's Edge

Sully Prudhomme
English words by Marion Farquhar

Gabriel Fauré, Op. 8, No. 1

ser,
A l'ho - ri - zon s'il fume un toit de chau - me,
blow,
If far off thatch on a cot-tage is fum - ing,

Le voir fu - mer, Aux a - len - tours si quel-que fleur em -
To watch the fume, And, close at hand if a flow-er is

bau - me, S'en em - bau - mer, En - tendre au
bloom - ing, To breath the bloom, When through the

pied du saule où l'eau mur - mu - re, L'eau mur - mu - rer, Ne pas sen -
wil - low roots, wa - ter is sigh - ing, To hear it sigh, And not to

tir tant que ce rê - ve du - re,_____ Le temps du -
feel, while this dream is un - dy - ing,_____ That time will

rer, Mais n'ap - por - tant de pas - si - on pro - fon - de,_
die, But with no pas - sion - ate pre - oc - cu - pa - tion,_

Qu'à s'a - do - rer, Sans nul sou - ci des que - rel - les du mon - de,_
Ex - cept to a - dore, And with no care for the world's ir - ri - ta - tion,

Les i - gno - rer; Et seuls tous deux de - vant tout ce qui las - se,_
Ex - cept to ig - nore; To watch, we two, be - fore all that is wea - ry - ing,

Sans se las - ser, Sen - tir l'a - mour, de - vant tout ce qui
Wea - ri - ness pass, And feel that love, be - fore all that is

pas - se, Ne point pas - ser,____
pass - ing, Will nev - er pass,____

Sen - tir l'a - mour, de - vant tout ce qui pas - se,____
And feel that love, be - fore all that is pass - ing,____

Ne point pas - ser! ____
Will nev - er pass! ____

à Madame Camille Saint-Saëns

Nell

Leconte de Lisle
English words by Marion Farquhar

Gabriel Fauré, Op. 18, No. 1

ra son mur-mu - re é - ter - nel, A - vant
hush the re-frain of their swell, Long be -

qu'en mon cœur, chè - re a - mour, ô Nell, Ne fleu -
fore my heart, dear - est love, O Nell, Shall have

ris - se plus ton i - ma - ge! Ne fleu - ris - se plus ton i -
ceased to bloom with your fra - grance! Shall have ceased to bloom with your

ma - - - ge!
fra - - - grance!

à Madame la Comtesse de Gauville

Rencontre
Meeting

Charles Grandmougin
English words by Marion Farquhar

Gabriel Fauré
Op. 21 (Poëme d'un Jour, No. 1)

J'é - tais triste et pen - sif
I was pen - sive and

sif quand je t'ai ren - con - tré - e,
sad be - fore our chance en - coun - ter;

Je
I

sens moins, au - jourd'hui, mon obs - ti - né tour-ment;
suf - fer less to - day, my lone - li - ness and pain;

sempre legato

heur au po-ète i-so-lé, Et vas-tu ray-on-
gain to a po-et a-part, And will your spir-it

poco a

ner sur mon âme af-fer-mi-e, Com-me le ciel na-
shine up-on my strengthened spir-it, As shines a na-tive

poco *cresc.*

tal _____ sur un cœur d'ex-i-
sky _____ on a long ex-iled

mf *f*

lé? Ta tris-tes-se sau-
heart? All your sad-ness like

p

p sempre

va - ge, à la mien - ne pa - reil - le, Aime à
mine, that it strange - ly re - sem - bles, Loves to

voir le so - leil dé - cli - ner sur la mer!
watch as the day gives way to pen - sive night,

De - vant l'im-men - si - té ton ex - ta - se s'é -
Be-fore the vast de-sign all your ec - sta - sy

veil - le, Et le char - me des soirs à ta belle âme est
wak - ens, And the charm of the eve - ning brings your soul de -

à Madame la Comtesse de Gauville

Toujours
Forever

Charles Grandmougin
English words by Marion Farquhar

Gabriel Fauré
Op. 21 (Poëme d'un Jour, No. 2)

à Madame la Comtesse de Gauville

Adieu

Charles Grandmougin
English words by Marion Farquhar

Gabriel Fauré
Op. 21 (Poëme d'un Jour, No. 3)

Les Berceaux
The Cradles

Sully Prudhomme
English words by Marion Farquhar

Gabriel Fauré, Op. 23, No. 1

Le long du quai les grands vais-seaux,
Far down the quay the ves - sels lie,

Que la hou - le in - cli - ne en si - len - ce, Ne
On the tide so si - lent - ly swing - ing; As

pren - nent pas gar - de aux ber - ceaux,
yet un - a - ware of cra - dles there,

Ten - tent les ho - ri - zons qui leur -
Tempt - ing ho - ri - zons out - ward ly -

rent! _____
ing! _____

Et ce jour-là _____ les
And as the ships _____ all

grands _____ vais-seaux,
sail _____ a - long,

Fuy - ant le port qui di - mi -
Leav - ing the port, so quick - ly

nu - e,
pal - ing,

Sen - tent leur mas - se re-te-nu - e
Strange - ly, their mass seems to be trail - ing,

à Madame A. Castillon

Notre amour
Our love

Armand Silvestre
English words by Marion Farquhar

Gabriel Fauré, Op. 23, No. 2

mour est cho - se lé - gè - - re!_____
love is some - thing e - lu - - sive!_____

sempre leggero e legato

Notre a-mour est cho - se char-man - te, Com-me les chan-sons du ma-tin, Où
Our_ love is some-thing en-chant-ing, Like a song on fresh morn-ing wind, With-

nul re-gret ne se la-men - te, Où vibre un es-poir in-cer-tain; Notre a -
out re-gret or lam-en-ta - tion, A - live with hope yet un-de-fined; Our_

mour est cho - se char-man - - te!
love is some - thing en-chant - - ing!

espressivo

Notre a-mour est cho-se sa-cré-e, Com-me les mys-tè-res des bois, Où tres-
Our love is some-thing most sa-cred, Like the for-est mys-ter-ies stirred By a

saille une âme i-gno-ré-e, Où les si-len-ces ont des voix; Notre a-
thrill-ing and un-known spir-it, Whose ev-'ry si-lence can be heard; Our

mour est cho-se sa-cré - - e! Notre a-
love is some-thing most sa - - cred!

dolce

Notre a-mour est cho-se in-fi-ni-e, Com-me les che-mins des cou-chants,
Our love is some-thing un-bound-ed, Like the set-ting sun's dis-tant way,

Où la mer, aux cieux ré-u-ni-e, S'en-dort sous les so-leils pen-chants;
Where the sea and the sky u-nit-ing, Slum-ber be-neath its gold-en ray;

cre - scen - do

Notre a-mour est cho-se é-ter-nel-le,
Our love is some-thing im-mor-tal,

cre - scen - do

sem - pre

Com-me tout ce qu'un dieu vain-queur A tou-ché du feu de son ai-le,
Like ev-'ry-thing the gods im-part With a touch of their wings en-flam-ing,

sem - pre

cresc.

Com-me tout ce qui vient du cœur;___ Notre a-mour,___
Like all that flows from out the heart;___ Our love,___

cresc.

à Mademoiselle Alice Boissonnet

Le Secret
The Secret

Armand Silvestre
English words by Marion Farquhar

Gabriel Fauré, Op. 23, No. 3

Je veux que le ma - tin l'i - gno - re Le
I wish the light of dawn would ban - ish The

nom que j'ai dit à la nuit, Et qu'au vent de l'au - be, sans
name that I told to the night, And on si - lent breeze give it

bruit, Com - me u - ne lar - me il s'é - va - po - re.
flight, That, like a tear, it soon might van - ish.

Je veux que le cou-chant l'ou-bli - e   Le se-
I wish the twi-light would ef - face it,   The

cret que j'ai dit au jour,   Et l'em - por - te a - vec mon a - mour,   Aux
se - cret I told the day,   With my love to fold it a - way,   And

plis de sa ro - be pâ - li - e! _____
in its pale gar - ment em - brace it! _____

à Madame Edmond Fuchs

La Fée aux Chansons
The Fairy of the Songs

Armand Silvestre
English words by Marion Farquhar

Gabriel Fauré, Op. 27, No. 2

s'y lais - ser sur - pren - - - dre En A -
nev - er can be cap - - - tured As en -

vril, pour ap - prendre Aux oi - seaux leurs chan - sons._____
rap - tured, She teach - es the birds how to sing._____

_p_

Lors-que geais et li - not - tes Fai - saient des faus-ses
If a jay or a lin - net Is care-less for a

_pp_

cresc.

no - tes En ré - ci - tant leurs chants,_____
min - ute, The fault is quick-ly heard,_____

Par un ma - tin d'au - tom - - ne, El - le vient et s'é -
But on a day ap - pall - - ing, When the leaves all are

ton - ne, De voir les bois dé - serts:
fall - ing, She finds the for - est bare:

Tempo I°

A - vec les hi - ron - del - -
Her friends, chill - y heart - -

les Ses a - mis in - fi - dè - les
ed, With the swal - lows, de - part - ed,

Com - po - se des ro - man - ces Pour le pro -
She works on new ro - man - ces Wait - ing the

chain Prin - temps!
call of Spring!

à Madame H. Roger-Jourdain

Aurore
Aurora

Armand Silvestre
English words by Marion Farquhar

Gabriel Fauré, Op. 39, No. 1

Copyright, 1946, by G. Schirmer, Inc.

toi - les, tra - me de fils d'ar - gent le man-teau bleu du __
weav - ing, Weav - ing with sil - ver thread the heav-en's man - tle of

ciel. _____
light. _____

p *pp* sempre

Du jar - din de mon cœur qu'un rê - ve lent en -
From its gar - den, my heart, now lost in lan - guid

i - vre, S'en - vo - lent mes dé - sirs sur les
dream - ing, Sends forth its warm de - sires on the

Ils vo - lent à tes pieds, as - tres chas - sés des
Straight to your feet they fly, bright stars the mist is

nu - es,
shroud - ing,

Ex - i - lés du ciel
Poor ex - iles, cold - ly

d'or où fleu - rit ta beau - té.
ban - ished from your gold - en skies.

à Madame Jules Gouin

Fleur Jetée
Abandoned Flower

Armand Silvestre
English words by Marion Farquhar

Gabriel Fauré, Op. 39, No. 2

à Mademoiselle Louise Collinet

Les Roses d'Ispahan
The Rose of Ispahan

Leconte de Lisle
English words by Marion Farquhar

Gabriel Fauré, Op. 39, No. 4

mieux que l'eau vi - ve et d'u - ne voix plus dou - ce.
wa - ter at play__ and sweet-er than its voic - es,

cresc. poco a poco

Mieux que le vent joy - eux qui ber - ce l'o - ran - ger, Mieux que l'oi - seau qui
Sweet - er than joy - ous wind that sways the or - ange tree, Sweet - er than song of

chan - te au bord d'un nid de mous - se.
bird that on her nest re - joic - es.

O Le - ï - lah! de - puis que de leur vol lé - ger__
O Le - i - lah! since when up - on a__ wan - der-ing wing__

sempre dolce

___ Tous les bai - sers ont fui___ de ta lè - vre si dou - ce___
___ All kiss- es have flown a - way___ from thy lips soft and va - grant,___

Il n'est plus de par - fum dans le pâ - le o - ran - ger, Ni de cé - les - te a -
Gone is all the per- fume of the sweet or - ange tree, All the ce - les - tial

rome aux ro - ses dans leur mous - - se.
spell of ro - ses fair and fra - - grant.

marcato

Oh! que ton jeu - ne a - mour, ce pa - pil - lon lé -
Oh! if thy fresh young love, that but - ter - fly so

dim.

à Madame Leroux-Ribeyre

En Prière
In Prayer

Stéphan Bordèse
English words by Marion Farquhar

Gabriel Fauré

Pour que ce-lui qui doute, a-vec hu-mi-li-té Vous ré-
For that all those who doubt, in hum-ble-ness of heart May re-

vè - re! _____ Ne m'a-ban-don-nez pas, don-nez-moi la dou-
vere Thee! _____ A-ban-don not Thy child, but en-dow me with

ceur Né-ces-sai - re, Pour a-pai-ser les
love And with kind - ness, That I may com - fort

maux, sou-la-ger la dou-leur, La mi-sè - - - -
pain and may heal their de-spair, And their blind - - - -

à Emmanuel Jadin

Clair de Lune
(Menuet)
Moonlight

Paul Verlaine
English words by Marion Farquhar

Gabriel Fauré, Op. 46, No. 2

Andantino quasi allegretto ♩ = 78

Piano

sempre dolce

Voice *p*

Vo - tre â - me est un pa - y - sa - ge choi - si,
Your soul is a gar - den, rare and most choice,

pp

dolce

Tout en chan - tant, sur le mo-de mi - neur
And as they sing, in a mi-nor re - frain,

pp

L'a-mour vain-queur_____ et la vie op-por-tu - - ne,
Of love su-preme_____ and life most op-por - tune,

Ils n'ont pas l'air de croire à leur bon -
They yet ap - pear to feel their joy is

heur, Et leur chan - son se mêle au clair de
vain, And their re - frain is blend - ed with the

à Madame Maurice Sulzbach

Au Cimetière
In a Cemetery

Jean Richepin
English words by Marion Farquhar

Gabriel Fauré, Op. 51, No. 2

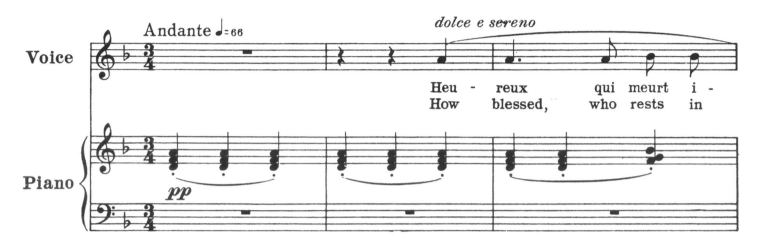

dort d'un bon som-meil ver-meil, Sous le ciel ra-di-eux. Tous
sleeps a tran-quil sleep most deep, Un-der ra-diant skies, And

ceux qu'il a con-nus, ve-nus,___ Lui font de longs a-dieux. A sa
all who loved him dear-ly here,___ Pro-long the long good-byes. By his

croix les pa-rents, pleu-rants, Res-tent a-ge-nouil-lés,
cross they will stay and pray, Faith-ful through-out the years,

simile

Et ses os, sous les fleurs, de pleurs Sont dou-ce-ment mouil-lés. Cha-
Flow-ers fresh on his tomb will bloom, Still wa-tered by their tears, And

mf

p

mf

p

cun sur le bois noir, Peut voir s'il é - tait jeune ou non,
ev - 'ry one can see If he was young when death ___ came,

Et peut, a - vec de vrais re-grets, L'ap-pe - ler par son nom.
And all with true re - gret can yet ___ Re - call him by name.

f declamato

Com-bien plus mal chan-ceux Sont ceux qui meu - rent à la mé, ___
A far more cru-el fate Must wait the one who dies at sea, ___

Et sous le flot pro-fond S'en vont loin du pa - ys ai - mé!
Dragged down-ward in the flows He goes, so far from love is he!

Mandoline

Paul Verlaine
English words by Marion Farquhar

Gabriel Fauré, Op. 58, No. 1

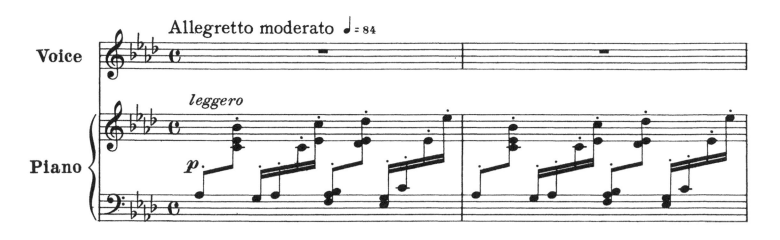

Les don-neurs_____ de sé - ré - na - - des
Gal - lants fond - - ly ser - e - nad - - ing

Et les bel - - les é - cou - teu - - ses E -
And their la - - dies all__ at ease,_____ Ex -

chan-gent des pro-pos fa - des, Sous les __ ra-mu - - - res chan
change ro-man-tic pat - ter, Be - neath the sing - - - ing

teu - - - - ses.
trees. _____

C'est Tir - cis _____ et c'est __ A - min - - - te,
Here, Tir - cis* _____ and here, __ A - min - - - te,†

Et c'est l'é - ter-nel Cli - tan - dre, _____ Et c'est Da -
And e - ter - nal Cli - tan - dra, _____ And there, Da -

*Tir-cees
†A-man-ta

mis qui, pour main - te cru - el - le, _____ Fit maint vers
mis,* who re - peats to the cru - el, _____ po - et - ic

ten - - - - dre, _____
sweets. _____

Leurs cour-tes ves-tes de soie, Leurs lon-gues ro-bes à queues,
Short vests of sil-ken bro-cade, Long gowns that trail in the dew,

Leur é - lé - gan-ce, leur joie _____ Et leurs mol - les
Joy and their el-e-gance rare _____ And their shad - ows

* Da-mees

En Sourdine
Muted

Paul Verlaine
English words by Marion Farquhar

Gabriel Fauré, Op. 58, No. 2

ga - zons   roux._____
ro - sy   grass._____

f espressivo

Et   quand,   so - len - nel,   le   soir_____   Des
And   then,   we shall   hear,   when   night_____   from

chê -   nes   noirs   tom - be - ra,
som -   ber   oak_____   is   fall -   -   ing,

espressivo

sempre f

Voix   de   no - tre   dé - ses - poir,
Love   ly   voice   of   our   de - spair,

Le ros - si - gnol
The night - in - gale,

chan - - - - te -
call - - - - -

ra.
ing.

Green

Paul Verlaine
English words by Marion Farquhar

Gabriel Fauré, Op. 58, No. 3

tê - te Tou-te so-nore en-cor de vos der-niers bai-sers, Lais-sez
kiss - es, On the soft-ness of your young and love - ly breast, Let it

la s'a-pai-ser de la bon-ne tem - pê - te Et
lull the re-frain of the rap-tur-ous tem - pest And

dolce

que je dorme un peu, puis-que vous re - po -
may I sleep a while, as you too now will

sempre dolce

sez.
rest.

C'est l'extase...

This is ecstasy

Paul Verlaine
English words by Marion Farquhar

Gabriel Fauré, Op. 58, No. 5

Cette â - - me qui se la - men - - te _____
This long - - ing spir-it, la - ment - - ing, _____

Et cet - te plain - - te dor - man -
This sleep-ing sor - - row, la - ment -

- - te, C'est la nô - tre, n'est - ce
- - ing, Is our own, _____ do you

pas? La mien - ne, dis, et la
know? Is mine, _____ yes, and _____

Prison

Paul Verlaine
English words by Marion Farquhar

Gabriel Fauré, Op. 83, No. 1

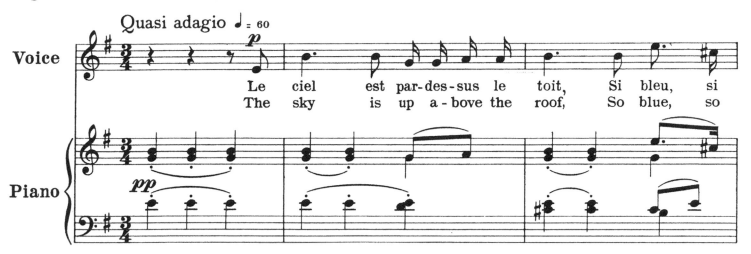

Le ciel est par-des-sus le toit, Si bleu, si
The sky is up a-bove the roof, So blue, so

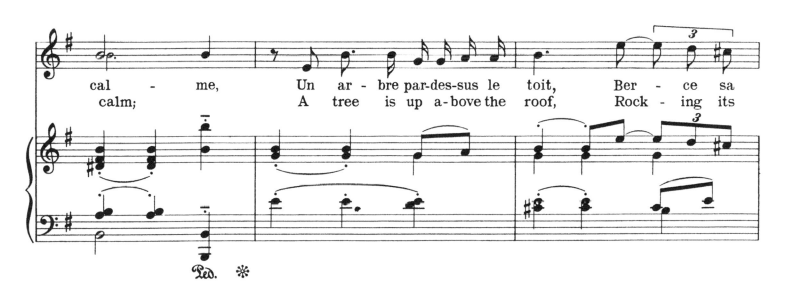

cal - me, Un ar - bre par-des-sus le toit, Ber - ce sa
calm; A tree is up a-bove the roof, Rock - ing its

pal - me; La clo-che dans le ciel qu'on voit Dou-ce-ment
palm; The bell you see a-gainst the sky, Sweet-ly is

Soir
Evening

Albert Samain
English words by Marion Farquhar

Gabriel Fauré, Op. 83, No. 2